Frank de Oliveira

ENCONTROS com DEUS

Principis

Esta é uma publicação Principis, selo exclusivo da Ciranda Cultural
© 2024 Ciranda Cultural Editora e Distribuidora Ltda.

Texto
© Frank de Oliveira

Editora
Michele de Souza Barbosa

Revisão
Eliel Cunha

Produção editorial
Ciranda Cultural

Diagramação
Linea Editora

Design de capa
Ana Dobón

Dados Internacionais de Catalogação na Publicação (CIP) de acordo com ISBD

O482e	Oliveira, Frank.
	Encontros com Deus/ Frank de Oliveira. - Jandira, SP : Principis, 2024.
	64 p. ; 11,20cm 16,40cm.
	ISBN: 978-65-5097-237-0
	1. Literatura cristã. 2. Devocional. 3. Motivação. 4. Religiosidade. 5. Conselhos. 6. Deus. I. Título.
2024-2024	CDD 242
	CDU 244

Elaborado por Lucio Feitosa - CRB-8/8803

Índice para catálogo sistemático:
1. Literatura cristã 242
2. Literatura cristã 244

1ª edição em 2024
www.cirandacultural.com.br
Todos os direitos reservados.
Nenhuma parte desta publicação pode ser reproduzida, arquivada em sistema de busca ou transmitida por qualquer meio, seja ele eletrônico, fotocópia, gravação ou outros, sem prévia autorização do detentor dos direitos, e não pode circular encadernada ou encapada de maneira distinta daquela em que foi publicada, ou sem que as mesmas condições sejam impostas aos compradores subsequentes.

Para Ele.
Porque para Ele são todas as coisas.

Muitos dizem que o caminho para Deus é o caminho do recolhimento. Que Deus existe dentro de nós e que aí devemos procurá-lo. Estes textos são resultado de minhas buscas, pela via da meditação. Que eles possam ser úteis a outros que têm o mesmo objetivo e que possamos todos nós descobrir Deus e nos aproximarmos dele cada vez mais. Que a força do nome de Jesus preceda cada uma destas leituras e a consolide dentro de cada leitor.

Encontros com Deus

A presença de Deus

Eu me apresento como seu servo, que quer aprender e obedecer. Sei que a minha vida agora mudou. Sei que os tempos de perturbação terminaram. Não busco mais as tentações e fraquezas do mundo. Não busco mais ilusões e desvios. Busco apenas o que Deus me reserva, o que ele me reservou sempre, mas do que inconscientemente fugi. Agora, não fujo mais. Minha preocupação é estar no coração de Deus e ter Deus no meu coração. Essa é a minha promessa, minha determinação.

Encontros com Deus

Repousar na paz

Estar apaixonado por Deus. Estar sob o manto de Deus. No passar das horas, no passar da vida. Acordar à noite e sentir que Deus toma conta de nós. Toma conta de nós, de nossos medos, de nossas angústias. E também de nossas alegrias e realizações. Ele nos abre os caminhos, nos protege dos ataques do inimigo. E nós podemos repousar na paz que dele emana, uma paz que nos preenche, nos ampara e até nos surpreende. Falam os sábios, discutem o início e o fim, buscam a explicação de tudo e o domínio que vem dessas explicações. A nós nos interessa o saber, mas ainda assim nada supera o sentir da presença divina, o acalanto e o aconchego que ela proporciona. A noite vai cair, o medo pode querer se instalar. Mas repousamos tranquilos no amparo de Deus, e nosso sono será manso, até a manhã raiar.

O encanto da vida

A minha vida tem o seu encanto. E o encanto maior da minha vida vem de Deus, vem de sua presença aqui comigo. Ele ordena meus pensamentos, meus gestos. E essa ordenação é parte do encanto que há pouco mencionei. É um rio, o rio de bênçãos da minha existência. Eu não encontro lógica no meu viver se esse viver não for na presença de Deus. Eu durmo pensando em Deus, e acordo me lembrando dele. Quando a adversidade se apresenta, eu sei que posso contar com sua proteção. Ele está do meu lado, e é bom que seja assim. É essa a força que me faz amar todos os meus dias.

ENCONTROS COM DEUS

O rio e o mar

Eu busco a tua força, meu Deus, o teu amor maravilhoso. Que ele possa me preencher sempre. Que a minha vontade seja a tua vontade, que meus passos possam ser guiados por ti. Eu te procuro em todos os momentos da minha vida. Mesmo quando estou dormindo, dorme comigo a vontade de me aproximar mais de ti, Senhor, de te ter impregnado em cada gesto meu, em cada atitude, em cada pensamento. Eu não posso viver sem ti, minha vida não teria sentido. Tu és o rio e o mar, a partida e a chegada, a força da existência. Eu me consagro a ti, Senhor.

O bálsamo de um nome

Deus. Um nome doce, que gosto de pronunciar, dentro de mim, para que ressoe por todo o meu ser. Para que espalhe em mim a paz que vem da sua pronúncia. Para mim, trata-se de um bálsamo. É assim que o sinto. Sei que é bom cantar aos quatro ventos o nome do Senhor. Mas sei quanto me agrada estar à noite no meu quarto e poder sentir em cada parte de mim o agradável efeito desse nome. Meu corpo se rejuvenesce. E, quando fecho os olhos, meu espírito se delicia com esse banho de luz. Tudo isso por força de uma pequena palavra, de imenso significado: Deus.

A lembrança divina

Estou na lembrança de Deus. Sua lembrança perene, comigo. A lembrança de Deus é o meu alento. Quando a tristeza pensa em se instalar, ela é meu escudo. Quando os inimigos parecem querer me dominar, ela é meu refúgio. Vivo assim sob esse manto de proteção, que me serve quando necessito, que me reconforta quando dele me lembro. Algo que não se esquece, porque está sempre presente. Mas que posso sempre recordar, se me acontecer de esquecer. Essa lembrança eu a guardo em mim, bem perto do coração. Saio na noite escura, e ela está comigo. Quando a manhã renasce e meus olhos se abrem de novo para a vida, ela segue junto de mim. E eu não quero nunca me esquecer dela.

A missão e o ofício

Meu ofício é juntar palavras. De suas uniões, seus efeitos. Mas agora quero juntar palavras para outro fim: para falar de Deus. Para glorificá-lo e para convidar outros a fazê-lo. Então, busco calar meus pensamentos e deixar que fale por mim a força divina, com seu poder amoroso. E que assim ela possa conquistar corações, eliminar barreiras. Minha missão supera meu ofício: mais que juntar palavras, deixo que passem por mim e se unam por si, com o objetivo único de louvar a Deus e permitir que mais pessoas possam se aproximar dele. Sei que nunca vou conseguir traduzir em palavras a intraduzível grandeza de Deus. Mas coloco-me à disposição dele para me aproximar desse propósito.

O refúgio

Quando o dia se avoluma, com sua pressão e suas exigências, chega o tempo de buscar um refúgio, de olhar para mim mesmo. E olhar para mim mesmo, no caso, é olhar para o Deus que há dentro de mim, com quem tenho conversas que são às vezes mais de ouvir do que de falar. Sutil, a presença divina nos lembra que é mais importante agradecer do que pedir, mais valioso receber do que almejar. Por saber o que necessitamos, ele se antecede a nossos pedidos, e nosso pedir acaba valendo mais como uma forma de extravasar nossas preocupações. Prece, refúgio, conversa... De muitas formas, Deus nos aproxima dele. De muitas formas, ele nos recorda que não se trata de se preocupar. Apenas de confiar.

Um pensamento bom

Uma coisa que me faz bem é pensar que Deus está tomando conta de tudo em minha vida. Gosto de imaginar sua presença nos caminhos que terei de percorrer durante o meu dia, abençoando cada lugar por onde vou passar, iluminando aqueles com quem irei falar. Gosto de saber que ele está comigo quando tenho de resolver um problema, entrar numa contenda com outras pessoas. Agrada-me saber que ele pode transformar essa contenda em entendimento, a disputa em colaboração. Esse é um pensamento bom: saber que Deus me acompanha e me protege. E isso faz os meus dias ficarem melhores.

Além das portas do mundo

A tua presença me consola, Senhor. A tua luz dá sentido à minha vida. As portas do mundo se fecham. Ou sou eu que me fecho para elas. Pois dentro de mim uma luz se acende. É luz de poesia e acalanto. Alimento para o meu ser. Meu ser divino que dorme para as coisas do mundo. E desperta para os milagres que vêm de ti, brisa suave que roça meu rosto e minha alma, que me acalma e me convida a viver. Correm os homens em sua busca insana por diversão e desejo. Eu me recolho e me consagro à luz, universo de clareza e bênçãos. Bem longe da morte que existe na aflição das ilusões.

A voz que ampara

A voz de Deus. Imagino a voz de Deus no vento, no canto dos pássaros. Mas também sinto a voz de Deus no tique-taque do relógio na parede, em meio à casa vazia, que me diz que tudo está sob controle, o controle de Deus. Gosto ainda de sentir a voz de Deus em minhas lembranças, lembranças de tempos difíceis, quando precisei de Deus, e de tempos de paz, quando Deus continuava presente, ao meu lado. Quando o dia nasce, quando o sol se levanta, Deus está ali dizendo que tudo está bem, que temos a chance de lutar mais uma vez e de ter sua proteção. A voz de Deus fala por sons, objetos, cenários. E a nossa bênção é poder ouvi-la.

ENCONTROS COM DEUS

O perdão do pai

Quando o pecado se concretiza, percebemos nossa falha e nossa pequenez diante do sublime, diante da grandeza de Deus. Mas de nada serve o pecado, a não ser para nos mostrar nossa falibilidade. Resta no entanto o conhecimento que ele nos proporciona da bondade de Deus, de sua capacidade infinita de perdoar, como o pai que não nega ao filho a chance de se reerguer.

A punição pode vir na forma de sofrimento, mas é também prova de amor, a oferta de uma possibilidade de redenção, sem a qual ficaríamos eternamente perdidos no deserto da nossa insensatez – sem nunca enxergar a chance de sairmos dele. Deus, em sua perfeição e plenitude, não nos tira o arbítrio, apenas nos oferece o convite para crescer, seja pelo sofrimento, seja pela aceitação de nosso comportamento inadequado. Mas ele estará ali à nossa espera. Não importa o tempo ou a distância, haverá sempre um pai para o qual poderemos retornar.

Planos de amor

Nuvem. Por trás da flor, a imagem das nuvens, em segundo plano. A viagem do dia a dia e suas surpresas. Isso me enternece. Meus olhos são filtros. Por eles olha o olhar divino. Deus olha em busca de suas criações e se maravilha com elas. E eu sinto esse maravilhamento em mim. Nuvem e flor, dois planos da fotografia. Nuvem e flor, mensagem do plano divino para o plano terrestre, resumo dos planos de amor que Deus tem para nós. Olho a nuvem e a flor e vejo Deus nelas. Olho a nuvem e a flor e vejo que, como elas, eu também sou Deus.

A presença em nossa casa

Senhor, tu te instalaste em nossa casa, e agora habitas aqui. Senhor, que fizemos nós para sermos merecedores dessa bênção, da tua presença em nosso convívio? Que somos nós, Senhor? Apenas teus servidores, teus adoradores. Que somos nós diante da grandeza do universo, diante de tantas coisas lindas que criaste? Tu estás aqui, Senhor, colorindo nossa vida, dando-nos apoio, amparo e força para seguirmos em frente, apesar das adversidades. Adversidades que tu permites que entrem em nossa vida, eu sei, apenas para o nosso crescimento, para que possamos aprender a chegar mais perto de ti. Tu habitas aqui conosco. Nós te agradecemos, Senhor.

ENCONTROS COM DEUS

À disposição da luz

Quero descobrir a melhor forma de servir a Deus. Se essa forma é usando meu dom da escrita, então que seja, pois adoro exercer esse dom que Deus me deu. Se é a palavra falada, que eu possa me preparar para isso. Se é pelo caminho da cura, que isso me seja permitido. Mas talvez essa minha missão se dê por caminhos não tão claros para mim no momento. E ainda assim estarei agradecido. Minha atitude agora é dizer a Deus que estou à disposição dele. Apenas isso.

ENCONTROS COM DEUS

No horizonte da eternidade

E Deus traçou o caminho. Muito antes que existíssemos, ao longo dos séculos, dentro de um tempo diferente do tempo que conhecemos, o milagre se fez. De vida eterna que já nos pertencia antes mesmo que a vida como a conhecemos existisse. Uma estrada construída com a energia do amor e da bondade se fez. Em nossa pequenez, tentamos olhar hoje a eternidade como algo que está à frente, sem nos determos para pensar que o eterno já existia antes mesmo da nossa percepção. Como partes de Deus, temos no íntimo o desejo de retornar a ele, de experimentar os efeitos de sua boa vontade, de mergulharmos no mar da sua glória e onipotência, até que não sejamos mais nós, mas unicamente o reflexo da sua magnitude. A avenida de luz foi traçada pelo Senhor e nos cabe apenas trilhá-la. Só pedimos que aumente em nós o desejo de caminhar cada vez mais por ela em direção a Deus.

Renascido

Senhor, nossa conversa começa agora? Ou não é mais do que o prolongamento de uma convivência, plano de fundo para a vida que levamos? Sim, essa vida que é eterna e que apenas parece se interromper quando me afasto de ti.

Mas hoje não. Hoje estamos juntos, sinto tua presença, um afago nesta manhã fria. E peço que ela tome conta de mim. Lá fora, homens se perdem de ti e de si mesmos. Mas aqui dentro tenho a tua proteção, sou o navegante que divisa o porto e, sem negar sua condição de navegante, reconhece a condição de refúgio que o porto lhe proporciona.

Por muito tempo, Deus, esqueci tua verdade. E paguei o preço. Mas agora estás comigo. Eu me embalo na música da tua presença.

No passado mora um homem que se perdeu. Mas no presente estou eu aqui, renascido.

Sim, lá fora estão homens perdidos, necessitados de ti. Aqui dentro estou eu, recompensado por minha busca de ti. Sê bem-vindo, meu pai, e que tua partida nunca aconteça.

FRANK DE OLIVEIRA

Retorno e redenção

Pelo amor de Jesus, reconquistamos nossa divindade. A divindade que foi sempre nossa, mas que esquecemos com nossa vaidade, com a ilusão da separatividade nos afastando da luz e do amor divino. Onde dormíamos nós, humanos, na ilusão de que poderíamos enxergar sem a luz de Deus?

Como poderíamos existir sem sua força, perdidos dele e por isso perdidos de nós mesmos, despojados da consciência e da percepção de que somente sob o manto de Deus é que poderíamos ser algo, que teríamos condições de despertar do nosso torpor? Com Cristo, voltamos ao pai, nos tornamos de novo filhos de Deus. Nossa filiação divina se apresenta então como retorno e redenção. Não dormimos mais. Somos despertos na presença de Deus, nosso pai. E esse mero reconhecimento é motivo de alegria, plenitude e felicidade.

FRANK DE OLIVEIRA

O sonho que queremos sonhar

A vontade de Deus. A vontade de Deus se instala em nós. Vem como brisa suave, que toca nosso rosto. Vem e se instala. Um convite que aos poucos trabalha nossa vontade, esculpindo-a, tirando os excessos, reformulando--a. Sutil e amorosamente, a ponto de depois acharmos que aquela vontade maior é a nossa vontade. E então nela nos embalamos, numa ilusão benéfica, achando que somos Deus, quando na verdade ele é em nós. Ele nos habita, nos preenche, nos engrandece. E assim nossa realidade se torna o sonho que queremos sonhar.

A porta aberta

Tu nos trouxeste o convite para irmos até ti, Senhor. Nós aceitamos amorosamente esse convite cheio de bondade que fizeste para nós. Abriste a tua porta, e a deixaste aberta, sem insistir para que entrássemos. E trilhamos a estrada que leva a ti. Depois de passarmos pelo deserto de nossa vida, pelas angústias, pelos sofrimentos, enxergamos essa porta. E a transpomos agora, meu pai, com alegria no coração. Cheios de vida, cheios de vontade de estar perto de ti e conhecer os teus mistérios, a alegria de viver sob a tua proteção. Sabemos que estás aí, depois dessa porta entreaberta, meu Deus. E podemos sentir a tua força. Obrigado por nos orientar, obrigado pelo teu amoroso convite. Estamos felizes em aceitá-lo, Senhor.

FRANK DE OLIVEIRA

Uma nova alegria

O meu coração não tem nada, meu Deus. Já se vão dele até mesmo as lembranças, as coisas perdidas no passado, que agora nada mais significam para mim. O meu coração se esvazia, e é bom que seja assim, para que ele possa receber a tua bênção, a tua nova alegria, para que ela possa preenchê-lo por completo, sem que fique ali a saudade de tempos vãos. O meu coração está vazio, mas ele se abre para ti, para que seja ocupado pela tua glória. Como um peregrino no deserto, que deixa de lado as coisas do mundo, eu me desfaço das minhas ilusões e abro meu coração para que nele floresça apenas o teu amor, meu Deus.

FRANK DE OLIVEIRA

Saudade do paraíso

A saudade suave que eu sinto do céu. O céu onde nunca estive. Mas que parece morar dentro de mim. Cada vez que me recolho em Deus. Quando durmo na sua plenitude. Na certeza de sua proteção. A saudade do céu e a lembrança de Deus, sua proximidade comigo. Não quero pensar se mereço isso, quero apenas dormir nessa paz e nessa recordação. Vento divino falando em meus ouvidos. Uma certa saudade feliz. A saudade do tempo que ainda vou viver. A doce saudade do que não vivi, a doce compreensão do Deus que mora em mim.

Amor aceito

Aceitável é Deus. Aceitável é o caminho que ele nos proporciona, de maneira tão mansa que às vezes é até difícil identificar seu chamado. Ele é suave, vem naturalmente. É educado e por isso mesmo divino. O convite nos aquece. Em nós nasce, tranquila, a vontade de aceitá-lo. E o aceitar acontece. Deus de amor bondoso, amor doce e sereno. E sempre aceitável.

No deserto das aflições

Quando andamos no deserto das nossas tristezas e aflições, é bom saber que mesmo ali Deus nos guia. No calor do dia ou no frio da noite, ele está conosco, nos mostrando a direção, ainda que a gente não o perceba com clareza. A caminhada pode ser difícil, mas tem um sentido, que existe porque Deus existe. Pensamos às vezes que Deus está no oásis, mas só quando chegamos a este último é que entendemos que ele estava no deserto, nos moldando e nos fazendo crescer, com ferramentas de sofrimento, mas permeadas de amor.

Ecos da palavra

A palavra divina gera resultados. Os sons da palavra são ecos de Deus. Neles dorme a sabedoria que vem para nos sacudir do sono das nossas angústias. E acordamos em alegria, despertados pela palavra divina, que emana do livro sagrado, se materializando em atos em nossa vida. Nossos ouvidos se abrem para esses sons de reconstrução. E nossa vida se amolda. São os efeitos da poderosa palavra de Deus.

FRANK DE OLIVEIRA

Calar para ouvir

Gosto de me calar quando ouço Deus falar comigo. Gosto de me calar quando ouço sua fala, que nem sempre é feita de palavras, que se manifesta de outras formas, lufadas de carinho e bênção que me tomam por inteiro. Mensagens que me lembram que sou pequeno, mas que me fazem crescer dentro da sua bondade, da sua magnificência. Gosto de me calar um pouco para que a conversa de Deus possa tomar conta de mim, e espalhar enlevo e felicidade em minha vida.

FRANK DE OLIVEIRA

Vida e abundância

Vida e abundância. Esta é a promessa de Deus, uma entre as tantas que são a garantia de felicidade por ele oferecida a seus filhos. Vida que se espalha em nós, abundância que nos preenche para além dos desejos e desfrutes terrenos. Está em nós e em toda parte essa abundância que não se esgota, que vai além dos nossos anseios. Dormem em nós as glórias terrenas, efêmeras e em última instância vazias. E brilham em nós esses dois grandes presentes, perenes e perfeitos porque vêm de Deus.

Frank de Oliveira

Milagres cotidianos

Milagres nos tocam a cada dia, mas nem sempre nos damos conta deles. São mais simples do que imaginamos. E mais profundos do que podemos sentir. Deus nos fala pelos milagres do cotidiano, nos fala de forma suave. E cabe a nós ter a sutileza para perceber sua bondade, que começa com o despertar na manhã. E que não se encerra com o fechar dos olhos, apenas se prolonga noite adentro, num fluxo divino sem intervalo nem descanso.

Gratidão

A gratidão está em meu coração. Gratidão por esses pequenos encontros, tão valiosos para mim que me fazem chorar de emoção. Uma voz que se espalha, toma conta de nosso ser, provoca transformações com a doçura de um pai amoroso, que só quer o bem-estar e o crescimento de seus filhos. Que esses pequenos encontros possam se multiplicar pelo milagre da escrita e que aqueles que com eles entrem em contato possam também ser abençoados pela glória divina.

Frank de Oliveira é jornalista, formado pela Universidade de São Paulo. Trabalhou em grandes órgãos da imprensa paulistana, como as editoras Globo, Abril e Boitempo, desempenhando funções de editor de livros e de textos de conteúdo jornalístico. Integrou por muitos anos a equipe responsável pela tradução do mensário *Le Monde Diplomatique* e verteu para o português vários livros clássicos franceses publicados pela editora Ciranda Cultural. Pós-graduado em Formação de Escritores, ele atua também como professor de redação criativa e coach literário.